IMÁGEN

Las herramientas

Karen Bryant-Mole

Silver Press
Parsippany, New Jersey

First published in Great Britain by Heinemann Library, an imprint of
Heinemann Publishers (Oxford) Ltd., Halley Court, Jordan Hill, Oxford OX2 8EJ, U.K.

© BryantMole Books 1996
Designed by Jean Wheeler
Commissioned photography by Zul Mukhida
Printed in Hong Kong
00 99 98 97 96
10 9 8 7 6 5 4 3 2 1

Published in the United States in 1997 by Silver Press
A Division of Simon & Schuster
299 Jefferson Road
Parsippany, NJ 07054

All rights reserved including the right of reproduction in whole or in part in any form.

Library of Congress Cataloging-in-Publication Data

Bryant-Mole, Karen.
  [Tools. Spanish]
  Las herraminentas/by Karen Bryant-Mole.
    p. cm.—(Imágenes)
  Includes index.
  Summary: Photographs and simple text introduce some of the tools, instruments, and
utensils used in the kitchen, on a building site, for keeping clean, at a garage, and in other
places.
  ISBN 0-382-39580-8 (PBK)
    1. Tools—Juvenile literature. [1. Tools. 2. Implements, utensils, etc. 3. Spanish language
materials.] I. Title. II. Series: Bryant-Mole, Karen. Images. Spanish.
TJ1195.B7918   1996   95-47210
621.9—dc20   CIP
                                                AC

Some of the more difficult words in this book are explained in the glossary.

Acknowledgments
The Publishers would like to thank the following for permission to reproduce photographs. Chapel Studios; 12 (right) and
21 (right) John Heinrich, 20 (both) Zul Mukhida, 13 (right) and 21 (left) Graham Horner,
Zefa; 12 (left) Joan Baron, 13 (left)

Every effort had been made to contact copyright holders of any material reproduced in this book. Any omissions will be
rectified in subsequent printings if notice is given to the Publisher.

Contenido

En el jardín

Estas herramientas tienen el tamaño
adecuado
para niños.

¡No se te olvide echarle agua a tus semillas!

En la cocina

un rodillo

moldes de
galletitas

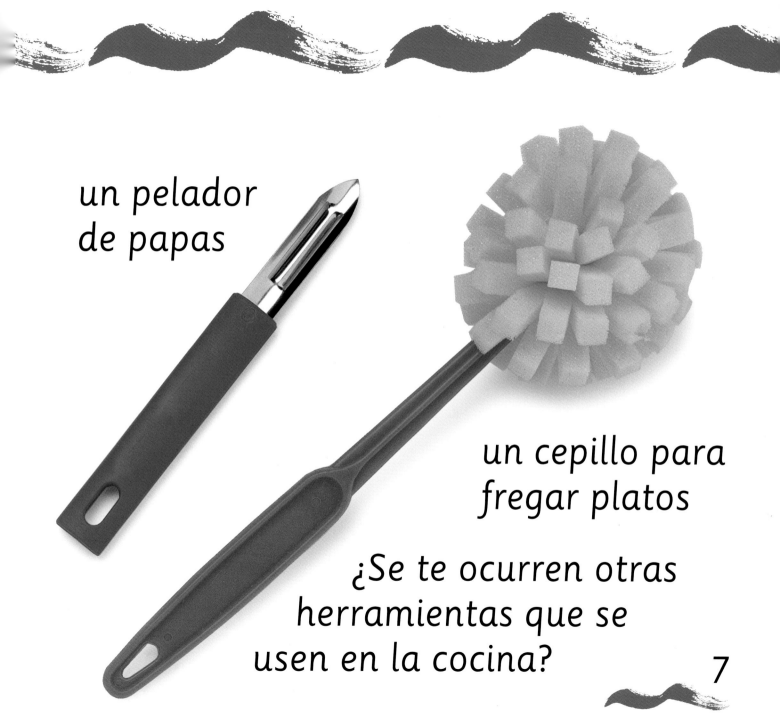

un pelador
de papas

un cepillo para
fregar platos

¿Se te ocurren otras
herramientas que se
usen en la cocina?

La hora de comer

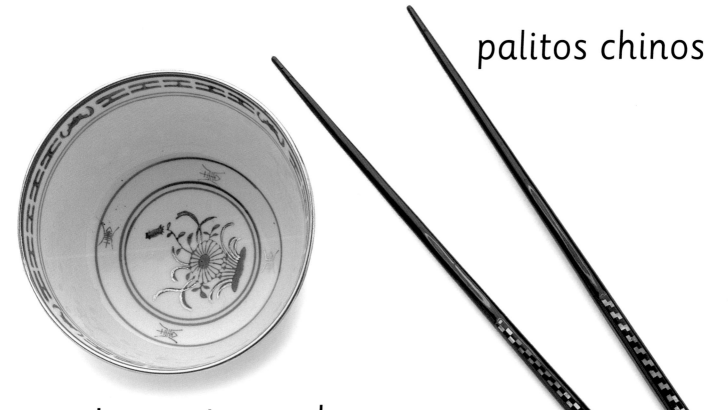

palitos chinos

La gente puede comer con diferentes tipos de utensilios.

un tenedor

un cuchillo

una cuchara

9

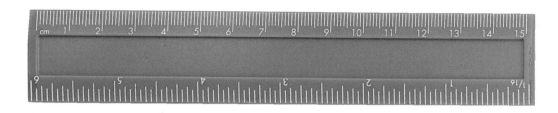

una regla

una calculadora

una goma
de borrar

10

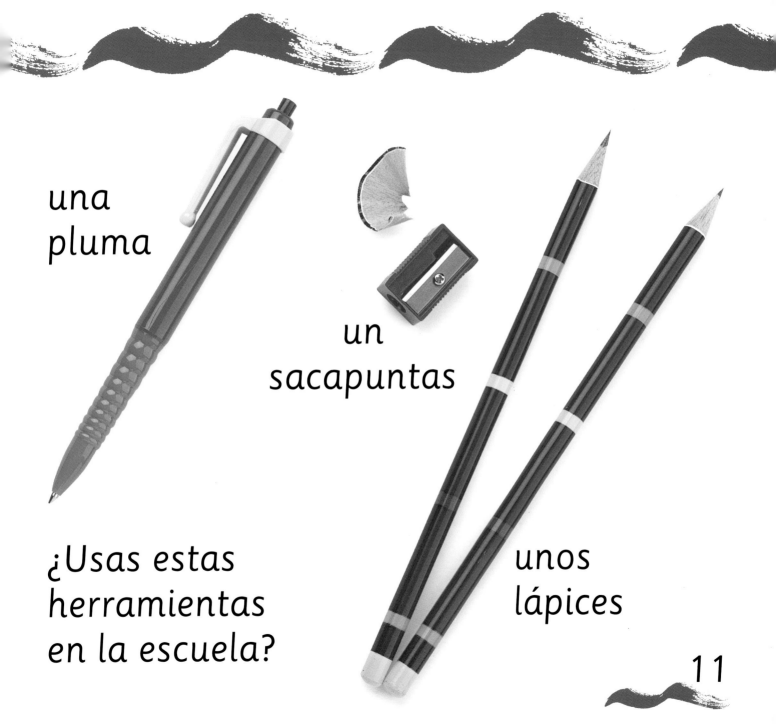

una
pluma

un
sacapuntas

unos
lápices

¿Usas estas
herramientas
en la escuela?

11

La construcción

Estos obreros usan muchas herramientas diferentes.

¡Este es un buen lugar para guardar las herramientas!

Para la limpieza

Nosotros usamos estas herramientas para mantenernos limpios.

¿Cómo se llaman estas herramientas?

Artes y oficios

las tijeras

los creyones

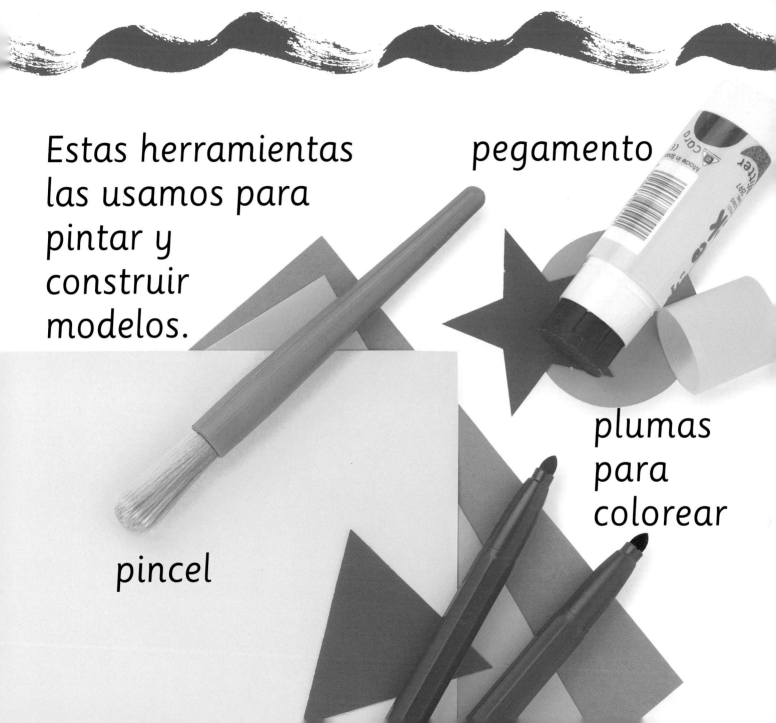

Estas herramientas las usamos para pintar y construir modelos.

pegamento

plumas para colorear

pincel

Las herramientas del médico

Es divertido jugar con estas herramientas de juguete.

¿Sabes para qué se usan cada una de estas herramientas?

En el trabajo

La gente usan herramientas especiales en sus trabajos.

dentista

herrero

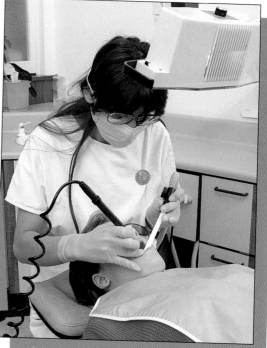

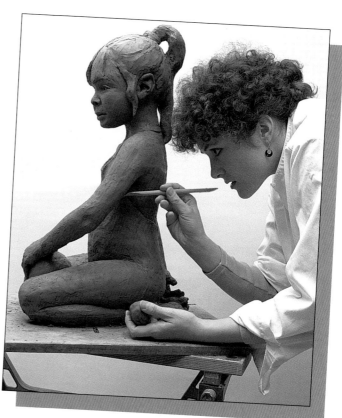

artista

jefe de cocina

En la casa

¿Tienes en la casa herramientas como éstas?

¿Para qué
se usan?

Glosario

calculadora   una máquina que resuelve los problemas aritméticos

herramienta   un objeto que se coge con la mano y se usa para hacer trabajos específicos

modelo   una versión pequeña de algo

Índice